Batter Philidor

# BATTEZ PHILIDOR!

OPÉRA-COMIQUE

Représenté pour la première fois, à Paris, sur le Théâtre de l'Opéra-Comique, le 13 novembre 1882.

CALMANN LÉVY, ÉDITEUR

## DU MÊME AUTEUR

Format grand in-18.

CHEZ ELLE ! comédie en un acte.
L'INSTITUTION SAINTE-CATHERINE, comédie en quatre actes.
LE KLEPHTE, comédie en un acte.
MARIAGES RICHES! comédie en trois actes.
UN MONSIEUR EN HABIT NOIR, comédie en un acte.
NE LA TUE PAS, conférence.
POTAGE A LA BISQUE, comédie en un acte.
POUR SAUVER JEUNE FEMME DU MONDE, comédie en un acte.
LA VICTIME, comédie en un acte.

---

SCÈNES DE LA VIE DE THÉATRE, un volume.

IMPRIMERIE GÉNÉRALE DE CHATILLON-SUR-SEINE. — JEANNE ROBERT

# BATTEZ PHILIDOR!

OPÉRA-COMIQUE EN UN ACTE

PAR

ABRAHAM DREYFUS

MUSIQUE DE

AMÉDÉE DUTACQ

PARIS
CALMANN LÉVY, ÉDITEUR
ANCIENNE MAISON MICHEL LÉVY FRÈRES
3, RUE AUBER, 3

1882

## PERSONNAGES

| | | |
|---|---|---|
| ANDRÉ PHILIDOR, compositeur............. | MM. | BARRÉ. |
| RICHARD, jeune musicien.................... | | NICOT. |
| BOUDIGNOT, propriétaire du café de la Régence. | | GRIVOT. |
| DORIS, fille de Boudignot.................... | Mme | THUILLIER-LELOIR. |
| DEUX CONSOMMATEURS. | | |
| HABITUÉS. | | |
| GARÇONS DE CAFÉ. | | |

La scène se passe à Paris, en 1777.

---

Pour la mise en scène détaillée, s'adresser à M. PONCHARD, régisseur général du théâtre de l'Opéra-Comique.

# BATTEZ PHILIDOR!

Le salon des échecs au café de la Régence. — Porte d'entrée, au troisième plan, à droite. — Autre porte au troisième plan, à gauche. — Table de jeu au milieu de la scène. — Petites tables au premier plan, à droite et à gauche.

## SCÈNE PREMIÈRE

PHILIDOR, BOUDIGNOT, HABITUÉS DU CAFÉ, DEUX GARÇONS, puis DEUX CONSOMMATEURS, puis RICHARD.

Au lever du rideau, Philidor, assis à la table du milieu, joue aux échecs avec un des habitués. Tous les autres personnages entourent la partie. Musique de scène. — Entrée d'un consommateur qui descend près de la petite table à droite, et appelle doucement : « Garçon ! »

BOUDIGNOT et LES HABITUÉS, se tournant vivement de son côté.

Chut !

Le consommateur, surpris, veut s'informer de ce qui se passe, Boudignot se précipite sur lui pour le faire taire, en lui montrant la partie engagée. Entrée d'un second consommateur qui paraît plus pressé, descend près de la petite table de gauche et frappe en appelant : « Garçon ! »

BOUDIGNOT et LES HABITUÉS, même jeu.

Chut !

LE DEUXIÈME CONSOMMATEUR, frappant plus fort.

Garçon !

Boudignot, exaspéré, s'élance sur ce nouvel intrus et lui impose silence. A ce moment, la partie touche à sa fin. Philidor tient une pièce en main. Émotion générale.

PHILIDOR.

Échec et mat !

LES HABITUÉS, enthousiasmés.

Bravo ! bravo ! Philidor !

Boudignot et deux ou trois amateurs entourent Philidor pour le féliciter ; les autres se congratulent réciproquement.

Exquis !... Charmant !
C'est le coup d'un grand maître !
Il faut le reconnaître,
C'est un coup surprenant !...

PHILIDOR.

Merci, mes chers amis, merci de tout mon cœur.

RICHARD, qui vient d'entrer, à part.

La partie est finie... Il va pouvoir m'entendre !

S'approchant de Boudignot et le saluant.

Bonjour, Monsieur...

BOUDIGNOT, distrait.

Bonjour.

A un des habitués.

En deux coups! Quel joueur!

RICHARD, à Boudignot.

Monsieur, je voudrais bien...

BOUDIGNOT, à Richard.

L'autre croyait le prendre!

RICHARD.

Vraiment! — Je voudrais bien...

BOUDIGNOT.

Contempler le vainqueur?

Le voici!

Il pousse Richard devant Philidor.

RICHARD, ahuri.

Mais...

PHILIDOR, serrant la main de Richard.

Merci! merci de tout mon cœur!

Pendant ce temps, les deux consommateurs ont repris leur place aux petites tables; les garçons auxquels ils s'adressent leur tournent le dos pour se mêler aux habitués qui entourent Richard.

LES HABITUÉS.

Étonnant!... Admirable!
En deux coups, Philidor
A fait mat!... Qu'il est fort!

LE DEUXIÈME CONSOMMATEUR, appelant.

Garçon!

LES HABITUÉS.

Qu'il est donc fort!
Quel homme incomparable!

LE PREMIER CONSOMMATEUR, appelant.

Garçon!

LES HABITUÉS.

Inimitable!

LE DEUXIÈME CONSOMMATEUR, criant plus fort.

Garçon!

LES HABITUÉS.

Inattaquable!

LE PREMIER CONSOMMATEUR, même jeu.

Garçon!

LES HABITUÉS.

Inépuisable!

LE DEUXIÈME CONSOMMATEUR.

Garçon!

LES HABITUÉS.

C'est incroyable.

LE PREMIER CONSOMMATEUR.

Garçon!!!

RICHARD, s'échappant du groupe des habitués.

Allez au diable!

LES HABITUÉS.

Vive Philidor!...

ENSEMBLE.

PHILIDOR.

Grand merci, mes amis... c'est trop!... c'est trop vraiment!
Je ne suis pas un si grand maître...
Vous pourriez tous, très aisément,
En faire autant et mieux peut-être!

LES HABITUÉS.

Exquis!... Charmant!
C'est le coup d'un grand maître!

Il faut le reconnaître,
C'est un coup surprenant.

Philidor sort suivi des garçons et des habitués.

PREMIER CONSOMMATEUR, appelant.

Garçon!

DEUXIÈME CONSOMMATEUR.

Garçon!

PREMIER CONSOMMATEUR.

C'est trop fort!

DEUXIÈME CONSOMMATEUR.

C'est déplorable. On ne peut donc pas se faire servir ici!

Il se lève.

PREMIER CONSOMMATEUR, se levant aussi.

Quel café!

DEUXIÈME CONSOMMATEUR, allant rejoindre l'autre.

Ah! Monsieur!...

PREMIER CONSOMMATEUR.

Allons chez Procope!

DEUXIÈME CONSOMMATEUR.

Oui... Allons chez Procope!

Ils sortent sans être vus de Boudignot, qui est resté en contemplation devant l'échiquier de Philidor.

BOUDIGNOT.

En deux coups!...

## SCÈNE II

### BOUDIGNOT, RICHARD.

Boudignot va pour sortir, Richard se jette devant lui.

RICHARD, d'un air suppliant.

Monsieur Boudignot!

BOUDIGNOT.

Quoi?

RICHARD, même ton.

Où allez-vous, monsieur Boudignot?

BOUDIGNOT.

Comment? où je vais... vous le voyez bien! Je vais avec eux... Je vais rejoindre l'illustre Philidor!

RICHARD, le retenant, toujours sur le même ton.

N'y allez pas, monsieur Boudignot!

BOUDIGNOT.

Par exemple!

RICHARD.

Je vous en prie, n'y allez pas!...

BOUDIGNOT.

Mais...

RICHARD.

Qui est-ce qui restera ici, si vous y allez... Il n'y a plus personne... Vos garçons eux-mêmes sont partis.

BOUDIGNOT.

Je ne peux pas les en blâmer! Du moment qu'il s'agit de faire escorte au génie...

RICHARD.

Il s'agit aussi de servir les consommateurs... Il en est venu deux à l'instant.

BOUDIGNOT.

Où donc?

RICHARD, montrant les deux petites tables.

Ici... et là...

BOUDIGNOT, regardant.

Ici et là...

RICHARD.

Ah! parbleu!... ils n'y sont plus!

BOUDIGNOT.

Alors on n'a plus besoin de les servir... Bonjour!

RICHARD, le retenant.

Monsieur Boudignot!...

BOUDIGNOT.

Encore!

RICHARD, d'un ton triste et doux.

Vous tenez donc absolument à y aller?

BOUDIGNOT, l'imitant.

Vous tenez donc absolument à ce que je n'y aille pas?

RICHARD, vivement.

Dans votre intérêt! Dans l'intérêt de votre café, de ce célèbre café Procope... (Se reprenant sur un mouvement de Boudignot.) Pardon!... de la Régence, qui constitue avec le café Procope... (Nouveau mouvement de Boudignot.) bien mieux que le café Procope, une des curiosités de la capitale... (Changeant de ton.) Et puis, j'ai à vous parler, monsieur Boudignot!

BOUDIGNOT.

Ah! c'est pour cela?...

RICHARD.

C'est pour cela... Je m'intéresse à votre café... à cause de votre fille!...

BOUDIGNOT.

Hein?

RICHARD.

J'aime votre fille, monsieur Boudignot!

BOUDIGNOT, abasourdi.

Vous aimez Doris!

RICHARD.

Comme un fou. Vous voyez donc qu'il faut que je vous parle...

BOUDIGNOT.

Au revoir, mon ami!

Fausse sortie.

RICHARD, lui barrant le passage, résolument.

Ah! vous m'écouterez!... Voilà assez longtemps que je tourne autour de vous; mais il n'y a pas moyen de vous aborder, avec ces satanés joueurs d'échecs que le diable confonde...

BOUDIGNOT, indigné.

Que le diable confonde!

RICHARD, brusquement.

Écoutez-moi donc! Je m'appelle Richard, j'ai vingt-six

ans, je suis violon à la Comédie-Italienne. J'aime votre fille et j'ai l'honneur de vous demander sa main... Voilà !...

BOUDIGNOT.

Voilà! voilà!... Vous allez vite, vous!

RICHARD.

Eh, Monsieur!... il faut bien que je profite du courage qui me vient en ce moment... Je suis si timide, d'habitude!

BOUDIGNOT.

On ne s'en douterait pas... Voyons! vous disiez...

RICHARD.

Je m'appelle Richard, j'ai vingt-six ans, je suis violon à la Comédie-Italienne, j'aime votre fille...

BOUDIGNOT.

Bon! bon!... Mais votre position de fortune?...

RICHARD, naïvement.

Je vous dis: violon...

BOUDIGNOT.

A la Comédie-Italienne... j'avais bien entendu... Au revoir, mon ami.

RICHARD.

Monsieur Boudignot!...

BOUDIGNOT, furieux.

Ah çà! voulez-vous me laisser tranquille, à la fin! Est-ce que j'ai le temps de me prêter à vos moqueries?

RICHARD.

Moi!... je me moque...

BOUDIGNOT.

Violon! Un violon!... La belle fortune, en vérité!

RICHARD, piqué.

C'est une fortune artistique.

BOUDIGNOT.

Dans un étui de six francs... Je vois cela!

RICHARD.

Mais, Monsieur, avec ce modeste instrument que vous raillez sans le connaître...

BOUDIGNOT.

Bien heureux de ne pas le connaître! Si mes parents m'avaient appris la musique... je ne serais pas cafetier!

RICHARD.

Et vous n'auriez pas l'honneur de servir Philidor!

BOUDIGNOT.

Sans doute!

RICHARD.

Tandis qu'avec cet instrument, Philidor est devenu l'homme illustre dont la France s'enorgueillit.

BOUDIGNOT, riant.

Ah! ah! ah! Voyez-vous Philidor apprenant à jouer aux échecs avec un violon!

RICHARD.

Je ne vous parle pas de sa force aux échecs, je vous parle de son génie comme compositeur.

BOUDIGNOT, riant.

Comme compositeur!

RICHARD.

Oui, Monsieur!... Philidor est un homme de génie!

BOUDIGNOT.

Aux échecs!

RICHARD.

En musique!

BOUDIGNOT.

Aux échecs, vous dis-je!

RICHARD.

Et moi, je vous dis : en musique. Les échecs ne comptent pas!

BOUDIGNOT, indigné.

Les échecs ne comptent pas!

RICHARD.

C'est une récréation, un jeu où il excelle, je vous l'accorde...

BOUDIGNOT.

Vous êtes bien bon!

RICHARD, s'animant.

Mais ce n'est qu'un jeu pour lui. Sa pensée, sa vraie pensée est ailleurs! Elle est dans l'invention et la combinaison de ces beautés musicales qu'un public frivole n'apprécie pas assez, mais qui plongent les connaisseurs dans l'admiration la plus noble.

Chantant.

« Je voudrais bien vous obéir,
Maman, pour cela je suis faite...
Mais si vous chérissez Suzette,

La voulez-vous faire mourir *? »

(Avec feu.) Est-ce un motif, cela?

BOUDIGNOT.

C'est un motif insuffisant.

RICHARD.

Insuffisant! L'air de Suzette est insuffisant! Et l'air de *Tom Jones!* Et la romance du *Sorcier!* Et l'air de la Bride dans le *Maréchal-Ferrant!*

BOUDIGNOT.

Peuh! des ariettes pour la foire Saint-Laurent!

RICHARD.

Pour la foire Saint-Laurent! Mais on les joue à l'Opéra, Monsieur! *Ernelinde* vient de l'Opéra!

BOUDIGNOT.

Eh bien, qu'elle y retourne! Et vous aussi!

RICHARD.

Plût à Dieu, Monsieur!... plût à Dieu que je fusse admis un jour, comme Philidor, dans ce temple de la grande musique; vous me recevriez autrement...

BOUDIGNOT.

En effet! je vous mettrais à la porte.

RICHARD, suffoqué.

Si j'avais le talent de Philidor?

BOUDIGNOT.

Oui, mon garçon.

RICHARD, anéanti.

Oh!

* Air tiré du *Bûcheron,* de Philidor.

BOUDIGNOT.

De Philidor, musicien, s'entend... car si vous étiez de sa force aux échecs...

RICHARD.

Eh bien?...

BOUDIGNOT.

Si vous étiez de sa force aux échecs, vous seriez un prodige, mon jeune ami... plus qu'un prodige : un phénomène!

RICHARD.

Admettons cela. Eh bien?

BOUDIGNOT.

Eh bien, je ne pourrais pas refuser ma fille à un phénomène!

RICHARD.

Comment?...

BOUDIGNOT, riant.

Battez Philidor... et vous aurez ma fille!

RICHARD.

C'est là votre réponse?

BOUDIGNOT.

Oui... Jouez avec Philidor.

RICHARD.

Mais...

BOUDIGNOT.

Et battez-le!

RICHARD.

Aux échecs?

BOUDIGNOT.

C'est le seul moyen d'avoir ma fille.

RICHARD.

Quelle plaisanterie !

BOUDIGNOT.

Battez Philidor... et vous aurez ma fille.

RICHARD.

Voyons, monsieur Boudignot... réfléchissez...

BOUDIGNOT.

Au revoir !

RICHARD, le suivant.

Monsieur Boudignot...

BOUDIGNOT.

Serviteur !

Il sort.

RICHARD, seul, navré.

Ah ! le stupide bonhomme !

## SCÈNE III

RICHARD, DORIS.

DORIS, entrant vivement par la porte de gauche.

Eh bien ?...

RICHARD.

Doris !

Il court à elle et lui prend les mains.

DORIS.

Vous avez vu mon père?

RICHARD.

Oui.

DORIS.

Vous lui avez parlé ?

RICHARD.

Oui.

DORIS.

Il a dit : oui ?

RICHARD, lui embrassant les mains.

Oui... Doris... oui... il a dit : oui!

DORIS.

Ah! Richard!

RICHARD.

A une condition...

DORIS, vivement.

A une condition... facile?...

RICHARD, amèrement.

Ah!... très facile!... A la condition que je jouerai aux échecs avec M. Philidor... et que je le battrai.

DORIS.

Vous!...

RICHARD.

Moi-même... ainsi...

DORIS.

Ainsi, c'était pour rire?

RICHARD.

Quoi?... pour rire?

DORIS.

Que vous m'embrassiez les mains.

RICHARD.

Mais pas du tout! C'était très sérieux!

DORIS.

Je vous laissais faire... croyant que mon père avait consenti...

RICHARD.

Il consent aussi...

DORIS.

A une condition!...

RICHARD.

Oui... à une condition...

DORIS, *piquée.*

Alors, tout est pour le mieux... exécutez-la, cette condition!

RICHARD.

Comment?

DORIS.

Battez Philidor!

RICHARD.

Vous me dites...

DORIS.

Je vous dis de battre Philidor... c'est bien simple!

RICHARD.

Battre Philidor!

DUO.

RICHARD.

Je vous rends grâces ! Tant de gloire
Me tenterait assurément,
Si le prix de cette victoire
N'était pas, Doris, trop charmant.
Mais, hélas ! je perdrais la tête,
En pensant à ce doux trésor...

DORIS, malicieusement.

Faut-il que cela vous arrête ?

RICHARD.

Pourtant...

DORIS.

Battez Philidor !
Pour conquérir un tel trésor,
On peut bien battre Philidor !

RICHARD.

Doris !

DORIS.

Battez Philidor !

RICHARD.

Sur vos lèvres la raillerie,
Doris, prend un tour très galant,
Mais cessez ce jeu, je vous prie...

DORIS.

Ce n'est pas une raillerie,
Et je vous donne un conseil excellent.

RICHARD.

Mais Philidor est invincible !

DORIS.

A l'amour rien n'est impossible.

RICHARD.

Ainsi, quand une ardente flamme
Consume ce cœur éploré,
Voilà, Doris, ce qu'on réclame
De votre amant désespéré !
Je n'y vois plus, je perds la tête,
Et vous voulez que j'aille encor...

DORIS.

Je veux que rien ne vous arrête !

RICHARD.

De grâce !

DORIS.

Battez Philidor !
Pour conquérir un tel trésor,
On peut bien battre Philidor ;
Battez, battez Philidor !

Sur ces derniers mots, Doris a cherché à s'échapper ; elle court vers la porte de gauche.

RICHARD, la poursuivant.

Doris !

DORIS.

Battez Philidor !

Elle disparaît.

## SCÈNE IV

RICHARD, PHILIDOR.

Musique de scène. — Richard, anéanti, se laisse tomber sur une chaise.

PHILIDOR, entrant.

Ah! ah! c'est vous qui gardez la maison, jeune homme?

RICHARD, se levant.

Monsieur Philidor!

PHILIDOR.

Et qui la gardez seul à ce que je vois.

RICHARD.

Tout seul, en effet.

PHILIDOR.

C'est qu'il m'avait semblé apercevoir la jupe de mademoiselle Doris... (Mouvement de Richard.) Je me serai trompé apparemment.

RICHARD.

Vous vous êtes trompé.

PHILIDOR.

Mademoiselle Doris aura craint une déclaration...

RICHARD.

Une déclaration!

PHILIDOR.

Eh bien, quoi?... il n'y a rien là que de très naturel... On aime une jeune fille, on le lui dit...

RICHARD.

Monsieur!

PHILIDOR, riant.

Vous l'avez bien dit à son père... qui me l'a répété. Il n'a pas de secrets pour moi, l'excellent Boudignot!

RICHARD.

Monsieur... si vous me connaissiez mieux...

PHILIDOR.

Eh! je vous connais parfaitement, mon jeune ami!... Comment ne vous aurais-je pas remarqué à l'orchestre de la Comédie-Italienne... un musicien qui ne dort pas!

RICHARD.

Quand on joue du Philidor!

PHILIDOR.

Oui... oui... il paraît que ma manière vous plaît assez. Boudignot m'a dit cela : il n'en revenait pas. Ah! je vous avoue, jeune homme, que vous vous êtes fait du tort dans son esprit!

RICHARD.

Hélas!

PHILIDOR.

Mais ce n'est vraiment pas à moi de m'en plaindre. (Lui tendant la main.) Voyons, touchez là... et parlez-moi de vos amours.

RICHARD, tristement.

Mes amours!

PHILIDOR.

Le père ne veut rien entendre, à ce qu'il paraît?... Ça ne m'étonne pas!... Un homme qui ne peut même pas supporter ma musique!... Mais le père n'est pas seul en question; il y a aussi la fille; j'espère qu'elle est plus facile à émouvoir...

RICHARD.

Oui, Monsieur... du moins je le croyais!... je le croyais le jour où je l'ai vue pour la première fois... à la Comédie-Italienne!

On donnait *l'Impromptu comique*,
Je jouais un brillant solo,
Et, dans mon ardeur frénétique,
J'allais... j'allais... *rinforzando !*
Tout à coup, au fond de la salle,
Je l'aperçus qui m'écoutait
Et fixement me regardait...
O félicité sans égale !

Son cœur était avec le mien,
Dans ce doux langage harmonique,
Et je bénissais la musique
Qui faisait triompher l'humble musicien.
Son cœur était avec le mien!...

Elle avait un si doux regard,
Et je jouais avec tant d'âme,
Éclairant d'une vive flamme
Les traits que me dictait mon art!
Tu m'écoutais alors, cruelle!
En ce moment délicieux,
Et j'ai vu couler de tes yeux
Des pleurs qui te rendaient plus belle!

A Philidor.

Mais son cœur était loin du mien,

Dans ce doux langage harmonique...
Et tout entière à la musique,
Elle ne voyait pas l'humble musicien !...
Son cœur était bien loin du mien !

PHILIDOR, riant.

Bien loin !... bien loin !... Vous n'étiez pas si loin que cela tout à l'heure ! Il me semble que vous vous entendiez parfaitement?

RICHARD.

Mais oui, Monsieur ! Nous nous étions entendus... d'abord ! Et il était convenu que je parlerais à son père. C'est ce que j'ai fait...

PHILIDOR, riant.

Avec succès?

RICHARD.

Enfin, je l'ai fait... et je le lui ai dit. Elle s'est moquée de moi.

PHILIDOR.

Oh ! oh !

RICHARD.

Elle n'a eu pitié ni de mon chagrin, ni de ma confusion, ni de...

PHILIDOR.

Et à quel propos a-t-elle été si impitoyable?...

RICHARD.

A propos de vous, parbleu !

PHILIDOR.

A propos de moi !

RICHARD.

Son père m'avait dit qu'il m'accepterait pour gendre le jour où je serais capable de vous battre aux échecs.

PHILIDOR.

Allons donc!

RICHARD.

Oui, de vous battre, vous, l'illustre Philidor! C'était une raillerie, vous comprenez? J'en ai fait part à Doris... Savez-vous ce qu'elle m'a répondu?

PHILIDOR.

Non!

RICHARD.

Elle m'a répondu : Battez Philidor!

PHILIDOR.

Oui... Eh bien... qui vous en empêche?...

RICHARD, stupéfait.

Qui m'en empêche?

PHILIDOR.

Si je vous y aidais...

RICHARD.

Comment! vous consentiriez...

PHILIDOR.

Ce n'est que juste. Vous vous êtes compromis pour moi en exaltant ma gloire musicale, je peux bien exposer pour vous ma réputation de joueur d'échecs.

RICHARD, transporté.

Oh! Monsieur... (Changeant de ton.) Mais ce n'est pas possible... On devinera la fraude... votre force est si connue!

PHILIDOR.

Tandis que la vôtre ne l'est pas.... Raison de plus pour la faire connaître! Je m'en charge. Dans une heure, vous serez l'émule de Philidor et le père Boudignot vous appellera son gendre...

RICHARD.

Vous me voyez tout saisi... J'étais si loin de m'attendre à un tel acte de générosité, de grandeur... Mais comment devrai-je jouer?

PHILIDOR.

Jouez comme il vous plaira!

RICHARD.

Comme il me plaira!

PHILIDOR.

Ce sera à moi de m'arranger pour perdre quand même... — ce qui n'est pas facile!

RICHARD.

Oh! Monsieur!

PHILIDOR.

Mais non! pas facile du tout! D'habitude, je joue pour gagner... et je ne joue qu'avec des partenaires sérieux... ou du moins assez sérieux. Cette fois, ce sera tout à fait le contraire — soit dit, sans vous offenser... Il faudra que je m'applique.

RICHARD, souriant.

Je suis tranquille!

PHILIDOR.

Enfin! nous ferons pour le mieux...

RICHARD.

De façon qu'on ne puisse pas soupçonner...

PHILIDOR, riant.

Sans doute! Autrement, ce ne serait pas pour le mieux... Mais ne perdons pas de temps... Le père Boudignot va rentrer... (Bruit au dehors.) Tenez ! l'entendez-vous ?...

VOIX DE BOUDIGNOT.

Une partie extraordinaire, Messieurs, extraordinaire !

PHILIDOR.

Ah ! c'est un fanatique, celui-là ! Eh bien, allez lui dire que nous devons jouer ici une partie encore plus étonnante.

RICHARD, avec feu.

Oui !... je vais lui dire que je vous ai défié !..

Il sort vivement.

PHILIDOR, riant.

Brave garçon !... c'est qu'il finira par le croire !...

## SCÈNE V

PHILIDOR, DORIS.

Doris entre en croyant trouver Richard et s'arrête désappointée à la vue de Philidor.

PHILIDOR, à part, riant.

Ah ! voici la cruelle Doris !... à nous deux, petite !...

Il s'assied près de la table.

DORIS, à Philidor, timidement.

Monsieur...

PHILIDOR.

Mademoiselle ?

DORIS.

Est-ce que vous n'auriez pas vu...

Elle s'arrête.

PHILIDOR.

Qui ? Mademoiselle.

DORIS, vivement.

Mon père !

PHILIDOR.

Non, Mademoiselle, non !... (Doris remercie par un petit salut et s'éloigne.) Je n'ai vu que M. Richard.

DORIS, revenant vivement.

M. Richard ?

PHILIDOR.

Ce jeune musicien qu'on voit rôder ici tout le jour... Je sais pourquoi maintenant !

DORIS, inquiète.

Ah ! vous savez ?...

PHILIDOR.

C'est un amateur de première force... S'il n'a pas encore joué devant nous, c'est qu'il se réservait pour une belle occasion.. et qu'il voulait d'abord surprendre ma manière...

DORIS.

Croyez-vous ?

PHILIDOR.

J'en suis sûr ! Ne vient-il pas de me défier !

DORIS.

Il vous a défié !... Oh! Monsieur !

PHILIDOR.

Quoi?

DORIS.

C'est dans un accès de désespoir!

PHILIDOR.

Hein?

DORIS.

Et c'est moi qui l'y ai poussé !..

PHILIDOR.

Que me dites-vous là ?

DORIS.

Ce que je ne devrais peut-être pas vous avouer! Mais vous êtes bon, vous aimez la jeunesse, vous avez des enfants...

PHILIDOR.

Sept, Mademoiselle... j'en ai sept!... dont deux filles!

DORIS.

Eh bien... si l'une de vos filles aimait un jeune homme... un musicien...

PHILIDOR, se levant.

Un musicien ?... Je la tuerais!

DORIS.

Non ! vous l'aideriez à l'épouser.

PHILIDOR.

Alors, il faut que je vous aide à épouser M. Richard? Car le jeune musicien, c'est M. Richard, n'est-ce pas?

DORIS, bas.

Oui...

PHILIDOR.

C'est le cas de dire que l'homme aimé est bien fier! Je l'ai trouvé présomptueux, votre M. Richard!

DORIS.

Oh! Monsieur... il ne faut pas lui en vouloir... je vous le répète, c'est mon père... c'est-à-dire... c'est moi qui... Mais j'avais pensé...

PHILIDOR.

Quoi, Mademoiselle?

DORIS, timidement.

J'avais espéré que vous consentiriez peut-être à...

PHILIDOR.

A?...

DORIS, vivement.

A perdre la partie.

PHILIDOR, jouant l'indignation.

A perdre la partie! Moi, Philidor!... moi qui n'ai jamais été battu!

DORIS.

Mais pour une fois?... une toute petite fois?

PHILIDOR.

Eh! Mademoiselle!... c'est cette toute petite fois qu'il importe d'éviter; mon prestige ne tient qu'à cela.

DORIS, flatteuse.

Et à votre réputation de compositeur!

PHILIDOR.

Ah! oui, parlons-en de ma réputation de compositeur!...

DORIS.

Pourtant...

PHILIDOR.

Si je vous disais qu'en ce moment même, ce compositeur est méconnu, bafoué, méprisé...

DORIS.

Est-ce possible?

PHILIDOR.

Vous savez qu'on va reprendre à l'Opéra mon *Ernelinde*, cette *Ernelinde* tombée il y a dix ans...

DORIS.

A cause du poème !

PHILIDOR.

Certainement ! à cause de cet imbécile de Poinsinet ! Ah ! pourquoi ne peut-on se passer de poème ! Pourquoi faut-il s'atteler à ces stupides auteurs ?... Enfin ! celui-là est mort... que Dieu ait son âme ! Moi, j'ai son livret !

DORIS, riant.

Ce n'est pas le meilleur lot !

PHILIDOR.

Heureusement que M. Sedaine a consenti à la remanier, cette pitoyable *Ernelinde !* Et c'est ainsi que je vais être joué à l'Opéra... on me répète en ce moment.

DORIS.

Eh bien, alors?...

PHILIDOR.

Attendez donc !... On me répète de mauvaise grâce, en rechignant... (Tirant de sa poche un rouleau de musique.) Tenez, voici un air que j'ai composé hier matin... c'est

2.

une pastorale. (Doris prend le morceau et l'examine.) J'ai voulu la faire chanter à mademoiselle Levasseur... elle refuse !... elle refuse sous prétexte que ça n'a aucun rapport avec le sujet, que ça fait longueur !... Comme si une pastorale pouvait jamais faire longueur.

DORIS.

Vous l'avez remportée !

PHILIDOR.

Il a bien fallu ! Vous voyez donc que mon renom de musicien compte pour peu... Et j'irais sacrifier à cette réputation douteuse ma gloire incontestée de joueur d'échecs ?... Non, Mademoiselle, non !... ne me demandez pas cela !

DORIS, désolée.

Oh ! Monsieur !

PHILIDOR.

D'ailleurs, je le voudrais maintenant que je ne le pourrais plus. Votre Richard après m'avoir défié est allé convoquer tous les amateurs de la ville... C'est une partie publique et solennelle... je ne puis m'y soustraire... Mille regrets, Mademoiselle, mille regrets !

DORIS, à part.

Et c'est moi qui suis cause !... (Pleurant.) Ah ! malheureux Richard !... malheureuse Doris !...

Elle va s'asseoir près de la petite table de gauche.

PHILIDOR, la regardant à la dérobée.

Pauvre petite !... je la désespère... Si elle savait !... Mais il vaut mieux qu'elle ne sache pas... Elle n'aurait qu'à faire manquer notre combinaison. (Bruit.) Tenez, Mademoiselle, voici nos amateurs qui arrivent... Je vous le disais bien : c'est une partie publique et solennelle !...

## SCÈNE VI

DORIS, PHILIDOR, BOUDIGNOT, entrant suivi de tous les habitués, puis RICHARD.

ENSEMBLE.

LES HABITUÉS.

Un défi ! Quelle audace !
Il paraît sûr de lui !
Vraiment, rien n'embarrasse
La jeunesse aujourd'hui !

RICHARD, s'avançant.

Allons ! faites-moi place !
Je défie aujourd'hui
Philidor face à face,
Je suis plus fort que lui !

PHILIDOR.

Ce jeune homme est tenace !
Mais je veux aujourd'hui
Confondre son audace,
En jouant avec lui.

BOUDIGNOT, désignant Philidor.

Oser s'asseoir en face
D'un maître tel que lui !
L'imprudent ! à sa place
Je me serais enfui.

DORIS.

Que faut-il que je fasse !
O mon Dieu ! prêtez-lui,
Prêtez à son audace,
Votre céleste appui !

PHILIDOR, à Richard, en montrant l'échiquier.

A vos ordres, Monsieur...,

RICHARD.

Aux vôtres, cher confrère !

LES HABITUÉS, indignés.

Qu'est-ce ?...
Qu'a-t-il dit ?

BOUDIGNOT.

Cher confrère !

LES HABITUÉS.

Ah ! l'insolent !... le téméraire !
Il mérite vraiment une de ces leçons !...

Philidor et Richard se sont assis à la table de jeu.

RICHARD.

Silence, Messieurs !...

A Philidor.

Commençons !

DORIS, à part.

Commençons !... mais s'il commence,
Le pauvre garçon est perdu !
On rira de sa démence.
Que faire ?... qu'espérer ?... quel coup inattendu
Pourrait nous...

Apercevant le morceau de musique qu'elle a posé sur la petite table.

Ah ! cette romance !
Oui... Si j'osais ?... Osons !...

Elle sort vivement par la porte de gauche.

BOUDIGNOT, qui regarde la partie, riant, à Richard.

Oh ! oh ! mal défendu !

LES HABITUÉS.

Chut !

BOUDIGNOT.

Pardon !

LES HABITUÉS.

Chut !

BOUDIGNOT.

Pardon ! mais la faute est immense,
Et, c'est plus fort que moi, quand je vois ce garçon
Jouer si mal !...

RICHARD, se levant.

Monsieur, je joue à ma façon !
Elle est ainsi, bonne ou mauvaise :
Exigez-vous qu'elle vous plaise ?

BOUDIGNOT.

Non ! mais...

RICHARD.

Alors, qu'on se taise !

PHILIDOR, à Boudignot.

Mon ami, Monsieur a raison.

BOUDIGNOT.

Mais...

PHILIDOR.

Taisez-vous !

LES HABITUÉS.

Taisez-vous donc !

BOUDIGNOT.

Je vous demande bien pardon !

La partie continue. On entend Doris qui vocalise dans la pièce voisine.

RICHARD, s'arrêtant.

Tiens !

PHILIDOR.

Qu'est-ce encore ?...

BOUDIGNOT.

C'est ma fille
Qui, dans son appartement,
Vocalise trop bruyamment.

*Appelant.*

Doris !

PHILIDOR.

Laissez-la donc !

*Doris continuant à chanter, attaque la pastorale de Philidor ; celui-ci écoute surpris.*

BOUDIGNOT.

Mais elle s'égosille !

*Appelant.*

Doris!... Elle ne s'arrêtera pas!... Doris !

PHILIDOR, *à Richard.*

C'est ma pastorale!... c'est la pastorale que j'avais composée pour mademoiselle Levasseur.

RICHARD.

Mes compliments!

DORIS, *entrant.*

Vous m'avez appelée, mon père?

BOUDIGNOT.

Oui, ma fille... je t'ai appelée pour te dire de te taire.

TOUS.

Oh!

PHILIDOR.

Comment?

BOUDIGNOT.

Tu gênes ces messieurs.

RICHARD, vivement.

Pas du tout!

BOUDIGNOT.

Si! si!... il n'y a pas moyen de jouer avec un tintamarre pareil...

PHILIDOR, froissé.

Un tintamarre!... ma musique!

RICHARD, bas, à Boudignot, amicalement.

C'est bête ce que vous avez dit là!

BOUDIGNOT, saisi, après un temps.

Merci... Je vous remercie...

DORIS, à Philidor.

Vous devez me trouver bien indiscrète, Monsieur... Je me suis permis de regarder ce morceau et je l'ai trouvé si joli que je n'ai pu m'empêcher de....

PHILIDOR.

Comment donc!... Mais vous me faites le plus grand plaisir... Chantez-le, je vous en prie...

BOUDIGNOT.

Vous voulez qu'elle chante?...

PHILIDOR.

Oui... je suis curieux de savoir comment Mademoiselle interprète cette composition.

BOUDIGNOT.

Bon!... (A sa fille en l'entraînant.) Alors, enferme-toi bien dans ta chambre... que personne ne t'entende!

RICHARD.

Hein?...

PHILIDOR, retenant Boudignot.

Mais je veux l'entendre, au contraire! (A Doris.) Chantez ici, Mademoiselle.

BOUDIGNOT, suffoqué.

Ici!... Eh bien, et la partie?

PHILIDOR.

Nous la reprendrons tout à l'heure (Se tournant vers Richard.) si Monsieur veut bien y consentir...

RICHARD, très haut.

Je consens à tout, moi!

BOUDIGNOT.

Quel aplomb!

DORIS, à part, regardant Richard.

Il est désespéré!

BOUDIGNOT, à Philidor.

Mais on n'a jamais vu...

PHILIDOR.

Plus un mot!

BOUDIGNOT, se tournant vers les habitués.

Voyons, Messieurs... je vous fais juge...

TOUS, révoltés.

Oh!

BOUDIGNOT, navré, soupirant.

Ah!

DORIS, qui s'est approchée de Richard, — bas.

Courage!... Jouez quand même... je vous sauve.

RICHARD, ahuri.

Hein?...

PHILIDOR, descendant, à Doris.

Allez, Mademoiselle... nous vous écoutons.

PASTORALE.

DORIS.

Silvandre aimait l'insensible Climène;
Las de soupirer nuit et jour
Pour les beaux yeux d'une inhumaine,
Il invoqua l'Amour :

« O cher dieu,
Mon souverain maître,
Vois le chagrin qui me pénètre
En ce lieu
Témoin de ma peine,
O dieu, venge-moi de Climène!
De tes traits
J'ai subi l'atteinte,
Seul frappé, j'exhale ma plainte,
O dieu, fais
Qu'éprise à son tour,
La cruelle souffre d'amour! »

PHILIDOR, qui suit la musique en scandant le rythme.

Bravo!... très bien!...

DORIS.

Ainsi parle Silvandre et le dieu de Cythère
Lui sourit. Aussitôt une étrange chaleur
S'échappe du sein de la terre
Et vient envelopper le cœur
De la bergère.
Climène s'enfuit dans les bois...
Surprise, elle écoute les voix

Des gais habitants du bocage
Et leur harmonieux langage
L'émeut pour la première fois.
Un clair ruisseau courant à l'étourdie
Sur un petit lit de cailloux,
Accompagne la mélodie
De son murmure le plus doux.
La brise agitant le feuillage,
Répand dans l'air d'enivrantes senteurs,
Tandis que de sourdes rumeurs
Marquent l'approche d'un orage.
Climène, prise de frayeur,
S'évanouit au pied d'un chêne!...
Hélas! qui sauvera Climène?...
Faut-il le demander? O petit dieu moqueur!

C'est ainsi
Que l'heureux Silvandre
Obligea Climène à se rendre
Au pouvoir du dieu le plus tendre,
Bien qu'elle voulût s'en défendre.
De ceci
Gardez la mémoire,
O vous qui ne voulez pas croire
Qu'il vient toujours un beau jour
Où l'on est pris par l'amour.

PHILIDOR, transporté.

Bravo! bravo, Mademoiselle!... Une méthode parfaite!... Une voix adorable... (A Boudignot.) Elle est adorable!

BOUDIGNOT.

Dame!... c'est ma fille.

PHILIDOR.

Comme elle vocalise!... (A Boudignot.) Avez-vous remarqué ses vocalises?

BOUDIGNOT.

Je crois bien! Elles me coûtent assez cher!

PHILIDOR.

Et comme elle a dit ce passage.

Il fredonne un motif de la pastorale.

BOUDIGNOT.

Ah! oui... et ce re-passage :

Il reprend le même motif.

DORIS, à part, joyeuse en désignant Philidor.

Il a la tête perdue... Profitons-en! (Haut, à Philidor.) Ces messieurs vous attendent pour reprendre la partie.

PHILIDOR, distrait.

C'est vrai!... Il y a une partie commencée.

BOUDIGNOT.

Et il faut la finir.

PHILIDOR.

J'y vais... (A Doris.) Vous m'avez fait un plaisir!

DORIS.

Vous me flattez!

PHILIDOR.

Non! non!... je vous dis la vérité... Vous me voyez encore tout ému!

DORIS, malicieusement.

J'en suis bien aise...

BOUDIGNOT, à la table d'échecs.

Cher maître... quand vous voudrez!

PHILIDOR.

Ah! si elle était à l'Opéra!

BOUDIGNOT.

Oui... mais elle est au café de la Régence.

PHILIDOR.

C'est bien dommage!

BOUDIGNOT.

Certainement... A vous de jouer.

PHILIDOR.

Où en sommes-nous?... Ah! (Il pose un pion, puis se tourne vers Doris qui l'a suivi près de la table de jeu.) Ce qui me plaît en vous, c'est que vous nuancez à merveille.

DORIS, remerciant.

Oh! Monsieur!...

PHILIDOR, à Boudignot.

Elle a le sentiment des nuances.

BOUDIGNOT.

Oh!... oui... quant au sentiment...

RICHARD, soupirant.

Ah!...

Il reste pensif, un pion à la main.

BOUDIGNOT, à Richard.

Allez donc, jeune homme... (Richard, sortant de sa rêverie, pose précipitamment plusieurs pions de suite. — Boudignot le retient.) Eh bien... eh bien... qu'est-ce qui lui prend?...

RICHARD.

Ne me touchez pas!... Je joue à ma façon.

BOUDIGNOT.

Elle est jolie, sa façon... (Désignant Philidor qui parle bas avec Doris.) Et l'autre qui ne s'aperçoit de rien... (Appelant Philidor.) Maître!

PHILIDOR, sans l'entendre, à Doris qui lui montre le morceau de musique.

C'est bien cela... Ici : *poco piu mosso* et là : *rallentendo.*

BOUDIGNOT.

*Poco piu mosso !... Rallentendo !...* Voilà qu'il parle espagnol, maintenant !... Je n'ai jamais vu une partie comme celle-là... (Appelant.) Maître !... cher maître !...

DORIS, à Philidor.

C'est à vous !

Elle lui pousse doucement le bras.

PHILIDOR.

Ah ! bien !

Il va pour jouer.

DORIS, à Philidor, vivement.

Et *pianissimo* à la fin ?

PHILIDOR, se retournant vers Doris.

Certainement... *pianissimo !*

BOUDIGNOT, à Doris.

Laisse-le donc jouer !

PHILIDOR, posant son pion.

Voilà !

BOUDIGNOT.

Échec et mat... Il a gagné !

RICHARD, se levant, joyeux.

Gagné !... J'ai gagné !...

LES HABITUÉS, riant.

Ah ! ah !

BOUDIGNOT.

Mais non!... Quelle cruche !... c'est lui qui a gagné... c'est Philidor !...

DORIS, défaillant.

Ah ! mon Dieu !...

RICHARD.

Philidor!... Ce n'est pas possible. Il m'avait promis de perdre!

TOUS.

Hein ?

DORIS.

Comment?...

BOUDIGNOT, indigné, à Philidor.

Vous aviez promis ?...

PHILIDOR.

Mon Dieu !... oui... je m'intéressais à ce jeune homme, et... (Brusquement à Doris.) Mais c'est votre faute si je n'ai pas pu perdre !

DORIS.

Ma faute!...

PHILIDOR.

Sans doute... vous m'avez distrait... J'ai joué machinalement... et, jouant machinalement, j'ai gagné naturellement...

DORIS.

Ah !... malheureuse... qu'ai-je fait !...

RICHARD.

Mais alors...

BOUDIGNOT.

Alors, vous allez décamper, vous !

RICHARD.

Décamper !

DORIS, d'un air suppliant, à Philidor.

Oh !... Monsieur...

PHILIDOR.

Attendez !... (A Boudignot.) Vous ne voulez pas marier ces deux enfants, mon cher Boudignot?...

BOUDIGNOT.

Je m'en garderais bien... (Toisant Richard.) Un violon !... J'aurais des petits violons !... jamais !

PHILIDOR.

En ce cas, je n'ai plus rien à dire... (Lui serrant main.) Adieu, mon cher Boudignot.

BOUDIGNOT.

Comment !... adieu... vous partez ?

PHILIDOR.

Pour ne plus revenir. (Prenant le bras de Richard.) Et j'emmène mon ami.

BOUDIGNOT, inquiet.

Où cela ?... Où l'emmenez-vous ?

PHILIDOR.

Chez Procope !

TOUS.

Chez Procope !!

ENSEMBLE.

BOUDIGNOT.

Au café Procope !
Quel affront pour moi !
Que dira l'Europe ?
J'en demeure coi !

PHILIDOR.

Au café Procope
On n'attend que moi ;
Pour un misanthrope
Ça vaut mieux, ma foi !

RICHARD et LES HABITUÉS.

Au café Procope !
*Montrant Boudignot.*
Voyez son effroi !
La peur le galope,
C'est bien fait, ma foi !

DORIS.

Au café Procope !
Quel sujet d'émoi !
Il tombe en syncope...
C'est heureux pour moi.

BOUDIGNOT.

Non, non, non! Je ne puis le croire !
Tout ici chante votre gloire,
Et vous iriez,
Vous oseriez
Aller chez Procope !

PHILIDOR.

J'y serai bien, on y voit clair !
Le café n'est pas plus cher,

Et j'oublierai là, mon cher,
L'ennui qui chez vous m'enveloppe.

REPRISE DE L'ENSEMBLE.

PHILIDOR s'éloigne lentement.

Adieu donc!

BOUDIGNOT.

Arrêtez!

A Richard.

Sois mon gendre, imbécile

RICHARD.

Ah! Doris!

BOUDIGNOT.

Mais c'est bien pour garder Philidor!

PHILIDOR, souriant.

Triomphe des échecs!.

DORIS.

Quelle science!

RICHARD.

Utile!

BOUDIGNOT, aux habitués.

Hein? quand je vous disais qu'il était le plus fort!

LES HABITUÉS.

Gloire à Philidor! gloire au maître!

PHILIDOR.

Oui... cette fois, assurément,
J'ai vraiment fait un coup de maître;

**Prenant la main de Doris.**

La mignonne Doris en cet heureux moment
Veut bien aussi le reconnaître.

TOUS.

Gloire à Philidor ! gloire au maître !

FIN

# NOTE

Si le nom de Philidor est fameux dans les fastes du jeu d'échecs, il n'est pas assez connu autrement pour que nous nous dispensions de rappeler que ce nom fut aussi celui d'un musicien dont s'honore l'art français, d'un des fondateurs de notre opéra-comique, d'un compositeur dont la gloire égala en son temps celle de Grétry et de Monsigny.

Dans une étude très complète et très intéressante, publiée par la *Chronique musicale* en 1874, un critique compétent, M. Arthur Pougin, a déjà tiré Philidor de l'oubli où il était si injustement tombé ; nous n'avons pas la prétention de refaire cet excellent travail ; nous voulons seulement indiquer, pour les spectateurs qui s'intéresseraient à notre héros, la part de convention que comporte *Battez Philidor !*

D'abord, il est bien vrai que Philidor n'a jamais été battu au jeu d'échecs, et qu'il ne pouvait pas l'être, lors même qu'il le voulait !

L'anecdote suivante en est la preuve :

Un gentilhomme hongrois, le baron de Kempelen, avait construit un automate joueur d'échecs qui, à cette époque, ré volutionna toute l'Europe. Au moyen d'un mécanisme que faisait mouvoir un homme caché dans l'appareil, l'automate jouait et gagnait toutes les parties qu'on lui proposait. Personne n'avait encore découvert le secret de cette merveilleuse machine, quand le baron de Kempelen vint la montrer à Paris. On organisa en son honneur une séance extraordinaire à l'Académie des sciences, et Philidor fut prié de se mesurer avec l'automate qui n'avait pas encore trouvé un champion digne de lui. Qu'aurait-on dit si le roi des joueurs avait été vaincu à son tour! Quelle gloire pour l'automate et quelle fortune pour son inventeur!

C'est ce que le baron de Kempelen fit comprendre au célèbre joueur en faisant appel à sa générosité... et le bon Philidor consentit à perdre. Hélas! Il eut beau accumuler fautes sur fautes — fautes, à ses yeux seulement bien entendu, et telles qu'un adversaire habile pût en profiter — Philidor gagna malgré lui! Son petit-fils, M. Eugène Danican Philidor, ajoutait, en nous racontant cet épisode, que d'après l'aveu de Philidor lui-même, jamais partie d'échecs ne l'avait autant fatigué!

Nous avons donc respecté la vérité historique en imaginant une partie que Philidor gagne... par distraction.

Nous croyons être restés aussi dans la vraisemblance en prêtant à Philidor une boutade contre les faiseurs de poèmes. Le musicien n'avait guère à se louer de ceux-ci. Un de ses premiers ouvrages, *le Quiproquo*, donné en 1760 à la Comédie-Italienne, ne réussit pas par la faute du librettiste. « Cette pièce, dit *le Mercure de France*, a été redonnée sous le titre du *Volage* et a eu quatre représentations. La musique a été fort applaudie et on travaille actuellement à raccommoder le poème, pour la rentrée du théâtre. »

On aurait pu raccommoder aussi un *Sancho-Pança* dont Poinsinet avait écrit les paroles et qui ne fut applaudi que pour la musique. Quant au *Sorcier*, donné en 1764, les lignes suivantes, tirées des *Annales du Théâtre Italien*, établissent assez la part qui revenait à Philidor dans le succès de cet ouvrage :

«... Le parterre demanda l'auteur, ce qui n'était pas encore arrivé à la Comédie-Italienne; mais quand Poinsinet parut, quelqu'un cria : l'autre! l'autre! de sorte qu'il fut obligé de céder la place au compositeur. » Et le chroniqueur ajoute : « Le public témoigna vivement à M. Philidor le ravissement d'admiration où l'avait jeté une musique intéressante, sublime et savante sans cesser d'être gracieuse. »

Quant à *Tom Jones*, opéra-comique en trois actes, représenté le 27 février 1765, voici ce qu'en dit Grimm dans sa correspondance : « Cette pièce était tombée l'année dernière malgré sa belle musique ; la platitude du poète avait entraîné le musicien dans la ruine. Comme le sujet de la pièce est charmant, on a consulté M. Sedaine; celui-ci a supprimé plusieurs *poinsinades*, a mieux arrangé le second et le troisième acte, et, à la faveur de ces changements et de la belle musique que Philidor n'a eu garde de changer, *Tom Jones* a beaucoup réussi à cette reprise. »

Le croirait-on? Philidor n'en resta pas moins fidèle à Poinsinet, et c'est avec ce malheureux librettiste qu'il composa son opéra d'*Ernelinde*, joué pour la première fois le 29 novembre 1767 et accueilli très froidement.

« On continue — dit Bachaumont — à rejeter sur la méchanceté du poème et des paroles le peu de succès de cet opéra. Ce défaut empêche l'effet des beautés musicales que Philidor a répandues dans son ouvrage, et qui, étant faites pour produire de l'intérêt, n'y réussissent que faiblement lorsque le charme est détruit par les absurdités. »

C'est pendant les représentations d'*Ernelinde* que Poinsinet fut victime d'une mésaventure qui rappelle celle dont nous avons parlé plus haut; un chroniqueur contemporain la raconte en ces termes, cités par M. Pougin:

« On s'entretenait de la pièce au foyer où se trouvait alors le marquis de Senneterre, l'aveugle, grand amateur de musique et dont le témoignage avait beaucoup de poids. Ce dernier dit à son laquais qui le conduisait: « Quand l'auteur paraîtra ici, ne manquez pas de me mener à lui, afin que je lui fasse mon compliment. » Peu d'instants après, arrive M. Poinsinet, au-devant duquel le domestique conduit son maître. Aussitôt M. de Senneterre l'embrasse tendrement et s'écrie: « Mon cher monsieur, recevez mon remerciement du plaisir que vous m'avez fait; votre opéra est plein de beautés, la musique en est délicieuse; il est seulement fâcheux que vous ayez eu à travailler sur des paroles aussi ingrates. »

*Ernelinde* devait triompher quand même. Poinsinet étant mort, Philidor pria Sedaine de remanier le fatal livret comme il avait déja refait celui de *Tom Jones*; Sedaine reprit l'ouvrage, le mit en cinq actes (il n'en avait d'abord que trois), et c'est sous cette nouvelle forme qu'*Ernelinde* reparut à l'Opéra le 8 juillet 1777 et y obtint un éclatant succès.

« M. Philidor, dit *le Mercure*, a mérité les suffrages des vrais amateurs et les acclamations du public dans les morceaux d'ensemble et dans les airs où il sait toujours allier un chant suivi et heureusement modulé à l'énergie et à la variété de l'expression. »

Et le *Journal des Théâtres :*

« Si M. Philidor a eu lieu de se plaindre de ses premiers juges, il doit se trouver aujourd'hui pleinement vengé ou de leur injustice ou de leur ignorance. Peu de productions ont eu plus de succès que celle dont nous parlons ; elle est pleine des plus grandes beautés et a été reçue avec un enthousiasme bien fait pour flatter l'habile compositeur à qui nous devons déjà tant de chefs-d'œuvre. »

Ces citations ne s'accordent pas avec le passage où nous représentons Philidor comme un compositeur, « méconnu, bafoué, méprisé... » Mais on remarquera que c'est Philidor qui parle ainsi de lui-même et que l'action de notre opéra-comique se passe quelques jours avant la reprise d'*Ernelinde*. Ne peut-on admettre que les répétitions étaient laborieuses et que le compositeur avait à lutter contre le mauvais vouloir des artistes ou du directeur ?

Disons pourtant que la cantatrice, mademoiselle Levasseur, n'eut pas à refuser de chanter la *Pastorale*, pour la bonne raison qu'il n'y en a pas dans *Ernelinde*. Cette tragédie se passe en Norwège, et Philidor était un compositeur dramatique trop soucieux des lois de son art, pour songer à écrire une œuvre « qui n'aurait eu aucun rapport avec le sujet. »

C'est nous qui lui avons prêté cette intention et qui nous sommes permis de la réaliser en son nom.



Imprimerie générale de Châtillon-sur-Seine. — Jeanne Robert.